叮咚！你在嗎？

網路是我的家

文／孟瑛如、王銘涵
圖／柏玲、容國瑋、郭家伃
英文翻譯／吳侑達

我是尢尢。

只⫶要⫶有⫶網⫶路⫶，　我⫶家⫶就⫶無⫶所⫶不⫶在⫶。

在_{ㄗㄞˋ}豔_{ㄧㄢˋ}陽_{ㄧㄤˊ}下_{ㄒㄧㄚˋ}，

在ㄗㄞˋ大ㄉㄚˋ雨ㄩˇ裡ㄌㄧˇ，

在_{ㄗㄞˋ}斑_{ㄅㄢ}馬_{ㄇㄚˇ}線_{ㄒㄧㄢˋ}上_{ㄕㄤˋ}，

在ㄗㄞˋ擁ㄩㄥˊ擠ㄐㄧˇ的ㄉㄜ˙ 人ㄖㄣˊ群ㄑㄩㄣˊ中ㄓㄨㄥ，

在形單影隻的深夜裡，

在<ruby>ㄗㄞˋ</ruby>無<ruby>ㄨˊ</ruby>聊<ruby>ㄌㄧㄠˊ</ruby>的<ruby>ㄉㄜ˙</ruby>課<ruby>ㄎㄜˋ</ruby>堂<ruby>ㄊㄤˊ</ruby>中<ruby>ㄓㄨㄥ</ruby>，

只ㄓˇ要ㄧㄠˋ有ㄧㄡˇ網ㄨㄤˇ路ㄌㄨˋ，　處ㄔㄨˋ處ㄔㄨˋ是ㄕˋ我ㄨㄛˇ家ㄐㄚ！

我_{ㄜˇ}有_{ㄧㄡˇ}很_{ㄏㄣˇ}多_{ㄉㄨㄛ}朋_{ㄆㄥˊ}友_{ㄧㄡˇ}，但_{ㄉㄢˋ}我_{ㄜˇ}們_{ㄇㄣˊ}未_{ㄨㄟˋ}必_{ㄅㄧˋ}見_{ㄐㄧㄢˋ}過_{ㄍㄨㄛˋ}面_{ㄇㄧㄢˋ}。

我ㄨㄛˇ們ㄇㄣ˙會ㄏㄨㄟˋ聊ㄌㄧㄠˊ天ㄊㄧㄢ、 攻ㄍㄨㄥ城ㄔㄥˊ、 打ㄉㄚˇ怪ㄍㄨㄞˋ與ㄩˇ
奪ㄉㄨㄛˊ寶ㄅㄠˇ。

我們最常出現的對話就是：
「叮咚！你在嗎？」

其_{ㄑㄧ}實_ㄕ，我_{ㄨㄛ}只_ㄓ是_ㄕ想_{ㄒㄧㄤ}要_{ㄧㄠ}有_{ㄧㄡ}人_{ㄖㄣ}陪_{ㄆㄟ}在_{ㄗㄞ}身_{ㄕㄣ}邊_{ㄅㄧㄢ}！

其ㄑㄧˊ實ㄕˊ，我ㄨㄛˇ覺ㄐㄩㄝˊ得ㄉㄜ˙很ㄏㄣˇ疲ㄆㄧˊ憊ㄅㄟˋ！

其ㄑ一實ㄕ， 我ㄨㄛ全ㄑㄩㄢ身ㄕㄣ上ㄕㄤ下ㄒㄧㄚ都ㄉㄡ不ㄅㄨ對ㄉㄨㄟ勁ㄐㄧㄣ！

我ㄨㄛˇ該ㄍㄞ 怎ㄗㄣˇ麼ㄇㄜ˙辦ㄅㄢˋ？

我ㄨㄛˇ不ㄅㄨˋ斷ㄉㄨㄢˋ在ㄗㄞˋ我ㄨㄛˇ的ㄉㄜ「家ㄐㄧㄚ」尋ㄒㄩㄣˊ求ㄑㄧㄡˊ答ㄉㄚˊ案ㄢˋ！

我ㄨㄛˇ終ㄓㄨㄥ於ㄩˊ鼓ㄍㄨˇ起ㄑㄧˇ勇ㄩㄥˇ氣ㄑㄧˋ，踏ㄊㄚˋ出ㄔㄨ了ㄌㄜ˙
第ㄉㄧˋ一ㄧ步ㄅㄨˋ。

老_{ㄌㄠˇ}師_ㄕ跟_{ㄍㄣ}我_{ㄨㄛˇ}分_{ㄈㄣ}享_{ㄒㄧㄤˇ}一_ㄧ些_{ㄒㄧㄝ}可_{ㄎㄜˇ}以_{ㄧˇ}讓_{ㄖㄤˋ}生_{ㄕㄥ}活_{ㄏㄨㄛˊ}更_{ㄍㄥˋ}好_{ㄏㄠˇ}的_{ㄉㄜ˙}祕_{ㄇㄧˋ}訣_{ㄐㄩㄝˊ}。

我ㄨㄛˇ應ㄧㄥ該ㄍㄞ要ㄧㄠˋ離ㄌㄧˊ開ㄎㄞ電ㄉㄧㄢˋ腦ㄋㄠˇ，
走ㄗㄡˇ到ㄉㄠˋ客ㄎㄜˋ廳ㄊㄧㄥ跟ㄍㄣ家ㄐㄧㄚ人ㄖㄣˊ話ㄏㄨㄚˋ家ㄐㄧㄚ常ㄔㄤˊ。

我應該要放下手機，欣賞戶外風景。

我_{ㄨㄛˇ}應_{ㄧㄥ}該_{ㄍㄞ}要_{ㄧㄠˋ}關_{ㄍㄨㄢ}掉_{ㄉㄧㄠˋ}平_{ㄆㄧㄥˊ}板_{ㄅㄢˇ}，找_{ㄓㄠˇ}朋_{ㄆㄥˊ}友_{ㄧㄡˇ}面_{ㄇㄧㄢˋ}對_{ㄉㄨㄟˋ}面_{ㄇㄧㄢˋ}說_{ㄕㄨㄛ}說_{ㄕㄨㄛ}話_{ㄏㄨㄚˋ}。

我ˇ應ˊ該ˋ要ˋ早ˇ睡ˋ早ˇ起ˇ，

有_{ㄧㄡˇ}精_{ㄐㄧㄥ}神_{ㄕㄣˊ}的_{ㄉㄜ˙} 走_{ㄗㄡˇ}進_{ㄐㄧㄣˋ}教_{ㄐㄧㄠˋ}室_{ㄕˋ}，
專_{ㄓㄨㄢ}心_{ㄒㄧㄣ}聽_{ㄊㄧㄥ}老_{ㄌㄠˇ}師_ㄕ上_{ㄕㄤˋ}課_{ㄎㄜˋ}，

和ㄏㄜˊ同ㄊㄨㄥˊ學ㄒㄩㄝˊ愉ㄩˊ快ㄎㄨㄞˋ的ㄉㄜ˙相ㄒㄧㄤ處ㄔㄨˇ。

給教師及家長的話

　　在這個 3C 產品氾濫的年代裡，謝謝你願意暫時放下手機或電腦，打開這本「融合之愛系列」繪本，欣賞書面文字與圖畫之美，關心因為過度使用網路或 3C 產品的孩子們。不管你是否需要使用到這本書，只要你願意開始了解，這都是一個美麗的開始。

　　所有科技產品的發明，都是為了讓我們的生活或學習更方便與多元。不可諱言的，因為這些產品的出現，打破了許多原本世界在生活或學習上的限制，但也因為如此，人與人之間失去了最容易讓人感動的交流與情誼。走在路上，人們忙於低頭滑手機，忘記給走過身旁的人一個微笑；坐在餐桌上，大家急於拿出手機拍照、打卡，忘記細心品嚐食物的美味……

　　當身為師長的你忙於責怪孩子沉迷網路時，你是否也已經被「叮咚……叮咚……」的聲音制約了？只要聽到「叮咚……叮咚……」聲，就急著低頭看看是否有人在線上敲你？

　　我們可以嘗試暫時放下手機或關掉網路，重新回頭看看這個世界，重新打開與孩子互動的大門。或許一開始，你／妳會滿腹挫折，但只要願意開始做，就是一個新的改變。

　　配合《叮咚！你在嗎？網路是我的家》這個繪本故事，我們還另外編製了《叮咚！你在嗎？網路是我的家：學習手冊》，你可以檢視個人所需，依編輯緣由中的建議操作，也可以利用本繪本作為引導，帶出正確且適量適時使用這些科技產品的好處與方法。筆者相信，這本繪本與學習手冊只是一個契機，擁有大智慧的你們，必能從此創造一個比這本書更適合你與身邊孩子的生活教材，善用科技，而不受制於科技。

註：《叮咚！你在嗎？網路是我的家：學習手冊》可單獨添購，每本定價新台幣 100 元，意者請洽本公司。

Hello, Are You There?
Home Is Where the Internet Is

Written by Ying-Ru Meng & Ming-Han Wang
Illustrated by Ling Po、Kuo-Wei Jung、Jia-Yu Guo
Translated by Arik Wu

My name is An An.

I love the Internet. Wherever there is Internet connection, there is a sense of belonging.

Under the sun,

In the rain,

At crosswalk,

Among the crowds,

Alone in the dead of night,

Even in boring classes.

To me, home is where the Internet is.

I have many friends online, though we do not actually meet in real life.

We chat, attack castles, fight monsters, and collect treasures online.

I hear people say, "Hello, are you there?" almost every day.

But actually, all I want is someone who cares about me.

But actually, surfing the Internet all day is really tiring.

But actually, my body feels foreign to me recently.

What should I do then?

I try to find a way out in my "HOME" ...

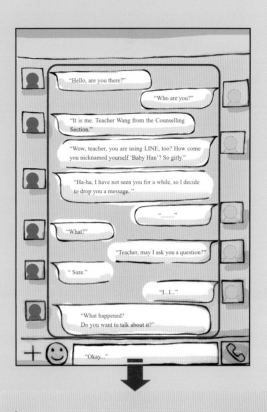

"Hello, are you there?"

"Who are you?"

"It is me. Teacher Wang from the Counselling Section."

"Wow, teacher, you are using LINE, too? How come you nicknamed yourself 'Baby Han'? So girly."

"Ha-ha, I have not seen you for a while, so I decide to drop you a message."

"........."

"What?"

"Teacher, may I ask you a question?"

" Sure."

"I...I..."

"What happened?
Do you want to talk about it?"

"Okay..."

After the conversation, I finally have the courage to get my foot in the door!

The tips I learned from Teacher Wang can certainly make my life better.

I should stay away from my computer and chat with my family more often.

I should put down my mobile phone and embrace Mother Nature.

I should switch off my tablet and talk to friends face to face.